Fußball-Lieder für Kinder - Das Liederbuch

24 bunte Kinderlieder für mehr Bewegung und Miteinander

Das Liederbuch mit allen Texten, Noten und Gitarrengriffen zum Mitsingen und Mitspielen

Neue Kinderlieder von Stephen Janetzko

Copyright © 2017 Verlag Stephen Janetzko, Erlangen
www.kinderliederhits.de
Alle Lieder verlegt bei Edition SEEBÄR- Musik Stephen Janetzko, Erlangen
Online-Shop im Internet unter **www.kinderlieder-shop.de**
Coverentwurf und Covergrafik: Stephen Janetzko
Notensatz, grafische Vorbereitung und Idee: Stephen Janetzko
All rights reserved.

ISBN-10: 3957222362
ISBN-13: 978-3-95722-236-7

Alle Rechte vorbehalten.
Dieses Werk ist urheberrechtlich geschützt. Jegliche Vervielfältigung und Verwertung ist nur mit Zustimmung der Autoren bzw. des Verlags zulässig. Das gilt insbesondere für Übersetzungen, die Einspeicherung und Verarbeitung in elektronischen Systemen sowie für das öffentliche Zugänglichmachen wie zum Beispiel über das Internet. Ein Nachdruck oder eine Weiterverwertung ist nur mit schriftlicher Genehmigung des Verlags möglich.
© Verlag Stephen Janetzko, **www.kinderliederhits.de**

Inhaltsverzeichnis

Lied:	Seitenzahl:
Fußball, Fußball (Das Fußball-Lied)	3
Kinder können mehr	4
Hand in Hand	5
Alle Kinder sind jetzt fit (Begrüßungslied)	6
Das Duschlied	7
Wir sind Deutschland	8
Hey, hört mal zu!	9
Alle Kinder dieser Welt	10
Gemeinsam sind wir stark	11
Rot, Gelb, Blau, Grün, alle Farben find ich schön	12
Freundschaft hält dich	13
In meiner Bi-Ba-Badewanne	14
Kinder stark machen	15
Wir Erdmännchen	16
Shiva naschi	17
Komm, wir warten auf die Sonne	18
Ich treibe Sport	19
Max der kleine Zauberhund	20
Der joggende Elefant	21
Ich wünsche mir so sehr	22
Mutig, stark und weise	23
Alle Kinder gehn nach Haus (Abschiedslied)	24
Tschüs, mach's gut, bis morgen	25
Ich bin müde	26

Die CD zum Buch:
CD Fußball-Lieder für Kinder.
24 bunte Kinderlieder für mehr Bewegung und Miteinander
für Kinder von ca. 4-10 Jahren
von & mit Stephen Janetzko

Best.-Nr. 91033-283,
ISBN 978-3-95722-057-8

Fußball, Fußball (Das Fußball-Lied)

Text und Musik: Stephen Janetzko; CD "Kinderlieder für den Stuhlkreis"
© Edition SEEBÄR-Musik Stephen Janetzko, www.kinderliederhits.de

Refrain:
Fußball, Fußball, das geht so!
Fußball, Fußball, das geht so!
Mach doch mit und schau nicht zu!
Mach doch mit und schau nicht zu!

2. Die Abwehr macht ein böses Foul (3x)
3. Der Stürmer schießt den Ball aufs Tor (3x)
4. Der Einwurf wird schnell ausgeführt (3x)
5. Ein Spieler passt den Ball nach vorn (3x)
6. Der Gegner dribbelt gar zu gut (3x)

Spielanregung:
Zum Refrain kicken wir abwechselnd mit dem linken und rechten Bein.
Zu den Strophen imitieren wir die jeweiligen Aktionen.
Natürlich könnt ihr weitere Strophen erfinden:
Freistoß-Strophe, Elfmeter-Strophe, Abseits, Handspiel, Training,
was immer euch einfällt.

Kinder können mehr

Text: Werner Schaube/Stephen Janetzko; Musik: Stephen Janetzko; CD "Hand in Hand"
© Edition SEEBÄR-Musik Stephen Janetzko, www.kinderliederhits.de

Tempo: ca. 132

1. Kin-der kön-nen mehr als die gro-ßen Leu-te, sie
   Kin-der wis-sen mehr als die gro-ßen Leu-te, sie
   zan-ken und ver-tra-gen sich - heu-te, heu-te, heu-te.
   ler-nen und ver-stehn die Welt - heu-te, heu-te, heu-te.

Refrain: Kin-der tu-en dies, und Kin-der tu-en das, oh-ne Kin-der wär das Le-ben ganz schön blass. Kin-der, die sind groß, und Kin-der, die sind klein - da-rum lass sie nie al-lein!

Zwischenspiel: Oh-ne sie, oh-ne sie - kriegst du Fal-ten bald; oh-ne sie, oh-ne sie - wirst du ganz schnell alt.

2. Kinder lachen mehr als die großen Leute.
   Sie freu`n sich und verzaubern uns - heute, heute, heute.
   Kinder singen mehr als die großen Leute.
   Sie kennen tausend Melodien - heute, heute, heute.
Refrain.

Zwischenspiel: Ohne sie, ohne sie - kriegst du Falten bald;
   ohne sie, ohne sie - wirst du ganz schnell alt.
Refrain.

Hand in Hand

Text und Musik: Stephen Janetzko; CD "Kindertanz - beweg dich ganz!"
© Edition SEEBÄR-Musik Stephen Janetzko, www.kinderliederhits.de

2. Bist du ein Türke oder Deutscher? Kommst du vielleicht aus Portugal?
Glaubst du, ein Gott hat uns erschaffen? Das ist letztendlich doch egal!
Sprichst du Französisch oder Polnisch? Bist du schon alt oder ein Kind?
Lebst du von Obst oder Getreide? Schön ist, wenn alle glücklich sind.

3. Manchmal, da seh ich welche streiten, Wieso, weshalb, versteh ich nicht!
Wir sollten miteinander teilen - Tragt in die Dunkelheit ein Licht!
Kommst du aus Westen oder Osten? Und trägst du Kopftuch oder Hut?
Bist du ein Junge oder Mädchen? Ich finde alle Menschen gut!

4. Bist du ein Bäcker oder Maler? Bist Träumer oder Realist?
Ein Jeder kann dem Andern helfen, Auch wenn es noch so wenig ist.
Wir Menschen sollten uns vertragen Und alle Tiere, groß und klein!
Zusammen geht doch alles leichter - Und alle wollen Freunde sein!

Alle Kinder sind jetzt fit! (Begrüßungslied)

Text: Constanze Grüger/Yvonne Hubert/Stephen Janetzko, Musik: Stephen Janetzko; CD "Fußball-Lieder für Kinder" © Edition SEEBÄR-Musik Stephen Janetzko, www.kinderliederhits.de

Refrain: Al-le Kin-der sind jetzt fit! Bist du's auch? Dann mach gleich mit!

1. Auf und nie-der, im-mer wie-der, auf und ab - und klapp!

(strecken und in die Hocke gehen, bei "klapp" klatschen)

Refrain:
Alle Kinder sind jetzt fit!
Bist du's auch? Dann mach gleich mit!
Alle Kinder sind jetzt fit!
Bist du's auch? Dann mach gleich mit!

2. (nach vorne und nach hinten hüpfen)
Vor - zurück und noch ein Stück,
ja, so soll´s gehn - und stehn!
Refrain.

3. (Seitstep)
Hin und her, das ist nicht schwer,
ja, rechts und links - das bringt´s!
Refrain.

4. (Bankstellung rücklings und Po heben und senken)
Rauf und runter, das macht munter,
mann-o-mann: Jetzt fängt´s an!
Refrain.

(Kinder bleiben nach der 4. Strophe auf dem Boden
sitzen zur nächsten Übung)

Hinweis:
Dieses Lied ist für das Kleinkindturnen oder auch
zur aktiven Mitmach-Bewegungs-Begrüßung gedacht.
Zum Abschied gibt es dann mit " Alle Kinder gehn
nach Haus (Abschiedslied)" eine Alternativvariante.

Das Duschlied

Text und Musik: Stephen Janetzko; CD "Früchte, Früchte, Früchte"
© Edition SEEBÄR-Musik Stephen Janetzko, www.kinderliederhits.de

2. Und ich dusche stundenlang, meiner Frau wird angst und bang!
Sie denkt, ich bin ausgerutscht und in den Ausguss geflutscht
(guss geflutscht, Ausguss geflutscht)

Refrain.

Wir sind Deutschland

Text und Musik: Stephen Janetzko; CD "Ich geh jetzt in die Schule"
© Edition SEEBÄR-Musik Stephen Janetzko, www.kinderliederhits.de

Refrain: Wir sind Deutsch-land, du und ich. Wir lie-ben un-ser Land so wie das Licht!
Wir sind Deutsch-land, ich und du. Wir lie-ben un-ser Land, drum hör gut zu:

1. Hoch von Flens-burg bis zum Bo-den-see Son-nen-schein, ge-le-gent-lich auch Schnee.
Links ab Aa-chen, Zit-tau liegt am Rand. Man-ches ist auch uns noch un-be-kannt. Wir sind aus

Bay-ern, Bre-men, Bran-den-burg, Ba-den-Würt-tem-berg,
Ham-burg, Hes-sen und Ber-lin, Meck-len-burg-Vor-pom-mern,
Nie-der-sach-sen, Rhein-land-Pfalz, Nord-rhein-West-fa-len,
Saar-land, Sach-sen, Sach-sen-An-halt, Schles-wig-Hol-stein, Thü-rin-gen!
Refrain: Wir sind Deutschland...

2. Wir sind klasse, lernen viel und schnell,
denn wir wissen, Bildung macht uns hell,
achten Regeln und das faire Spiel.
Wer was kann, erreicht schon bald sein Ziel. Wir sind aus ...
Refrain: Wir sind Deutschland...

3. Unser Land liegt mitten in der Welt.
Kommt, besucht uns, wenn es euch gefällt!
Freundschaft, Freude und auch Selbstvertraun -
habt nur Mut, auf uns, da könnt ihr baun! Wir sind aus ...
Refrain: Wir sind Deutschland...

Hey, hört mal zu!

Text: K. Bucher; Musik: Stephen Janetzko; CD"Fußball-Lieder für Kinder"
© Edition SEEBÄR-Musik Stephen Janetzko, www.kinderliederhits.de

Tempo: ca. 220

1. Hey, hört mal zu! Ja, du und du! Hallo, singt alle mit, dann wird das Lied ein Hit!

Refrain: La, la la, la; la, la la, la la, la. La, la la, la, la la, la la, la, la.

2. Hey, hört mal zu! Ja, du und du!
   Hallo, klatscht alle mit,
   dann wird das Lied ein Hit!

   Refrain: Klatsch, klatsch, klatsch, klatsch...
   La, la la, la; la, la la, la la, la. La, la la, la, la la, la la, la, la.

3. Hey, hört mal zu! Ja, du und du!
   Hallo, summt alle mit,
   dann wird das Lied ein Hit!

   Refrain: Summ, summ, summ, summ...
   La, la la, la; la, la la, la la, la. La, la la, la, la la, la la, la, la.

4. Hey, hört mal zu! Ja, du und du!
   Hallo, stampft alle mit,
   dann wird das Lied ein Hit!

   Refrain: Stampf, stampf, stampf, stampf...
   La, la la, la; la, la la, la la, la. La, la la, la, la la, la la, la, la.

Spielanregung:
Immer die vorhergehenden Geräusche im Refrain wiederholen,
bis wir wieder beim "la, la..." sind.
Natürlich können auch mehrere Geräusche gleichzeitig
durchgeführt werden.
Weitere Ideen für die Strophen zum Mitmachen:
schnippen, brummen, pfeifen, klopfen, lachen etc.

Alle Kinder dieser Welt
(Every child on planet earth)

Text und Musik: Stephen Janetzko; CD "Viele schöne neue Kinderlieder"
© Edition SEEBÄR-Musik Stephen Janetzko, www.kinderliederhits.de

2. Every child on planet earth, lumbara eija
All across the universe, lumbara eija eij
Every single animal, lumbara eija
Wants to dance so pretty well, lumbara eija eij
Eij lumbara eija eij, lumbara eija eij
Eij lumbara eija eij, lumbara eija

3. Dieser Tanz ist kinderleicht, lumbara eija
oft kopiert und nie erreicht, lumbara eija eij
Mach doch mit, und du wirst sehn, lumbara eija
Dieser Tanz ist wunderschön, lumbara eija eij
Eij lumbara eija eij, lumbara eija eij
Eij lumbara eija eij, lumbara eija

4. All God's children love to dance, lumbara eija
Come on use your feet and hands, lumbara eija eij
Everybody, feel the groove, lumbara eija
Wanna see your body move, lumbara eija eij
Eij lumbara eija eij, lumbara eija eij
Eij lumbara eija eij, lumbara eija

Spielanregung für jede Zeile der Strophen:
1 - linke Seite beide Hände/Arme runter ("Wäsche waschen")
2 - rechte Seite beide Hände/Arme runter
3 - über dem Kopf in die Hände klatschen
4 - Schiffsschraube
5 - "Shake schütteln" Fäuste vorne zusammenführen
   und vor und rück bewegen
6 - große Sonne malen

Gemeinsam sind wir stark

Text und Musik: Stephen Janetzko; CD "Danke Gott"
© Edition SEEBÄR-Musik Stephen Janetzko, www.kinderliederhits.de

Refrain (2x): Gemeinsam sind wir stark...

2. ...zu dritt...
3. ...zu viert...
4. ...zu fünft...
6. ...zu sechst...
7. (bzw. letzte Strophe) ...ja, alle...

Spielanregung:
Ein einfaches Spiellied (wer es gern im religiösen Bereich einsetzen möchte, kann im 2. Teil des Refrains auch alternativ singen "Mit Gott an unsrer Seite, geht alles gut voran"). Alternativ gehts auch ohne Reim "geht alles wie von selbst".
Alle stehen im Kreis und fassen sich an den Händen. Ein Kind ist zunächst allein in der Mitte. In den Strophen tritt jeweils ein weiteres Kind aus dem Außenkreis hinzu; sie nehmen sich bei den Händen und gehn gemeinsam im Innenkreis. Zum Schluss (oder wenn der Außenkreis je nach Kinderzahl zu klein wird) bilden alle einen gemeinsamen Kreis.

Rot, Gelb, Blau, Grün, alle Farben find ich schön! (Farbenlied zum Mitraten)

Text und Musik: Stephen Janetzko; CD "Sommer"
© Edition SEEBÄR-Musik Stephen Janetzko, www.kinderliederhits.de

(Tomate)

Refrain: Rot und Gelb...

2. Ich hab die Farbe Gelb
und strahle auf die Welt.
Bei mir schmeckt jedes Eis.
Den Sommer mach ich heiß!
(Sonne)

Refrain: Rot und Gelb...

3. Ich hab die Farbe Blau,
und jetzt wird's superschlau!
Die Lösung ist nicht schwer:
Du findest mich im Meer!
(Wasser)

Refrain: Rot und Gelb...

4. Ich hab die Farbe Grün.
Du spielst auf mir so schön.
Mich frisst auch gern das Vieh.
Ich glaub, das rätst du nie!
(Gras)

Refrain: Rot und Gelb...

Spielanregung:
Als Ratelied für die Kinder nach jeder Strophe kurz innehalten, bis die Kinder die richtige Lösung gefunden haben. Wenn die Kinder das Lied schon gut kennen, können wir damit eine kleine Aufführung z.B. für die Eltern beim Sommerfest machen.
Dazu bilden die Kinder vier Farbengruppen und kleiden sich in ihrer jeweiligen Farbe, ggf. auch unter Zuhilfenahme von farbigen Tüchern o.ä.
Die jeweilige Farbengruppe singt dann ihre Strophe und lässt die Zuschauer raten. Dann singen alle Gruppen den Refrain zusammen, wobei die Gruppen bei Nennung ihrer Farbe dazu noch aufstehen oder mit den Farbentüchern winken können.

Freundschaft hält dich

Text: Sabine Lenz; Musik: Stephen Janetzko; CD "Fußball-Lieder für Kinder"
© Edition SEEBÄR-Musik Stephen Janetzko, www.kinderliederhits.de

Freundschaft hält dich,
Freundschaft trägt dich,
wie eine Brücke auf deinem Weg.
Freundschaft hält dich,
Freundschaft trägt dich,
doch es geht nicht ohne dich!
Du! Du musst dir vertrauen.
Du! Du musst auf dich bauen.
Du bist der Motor, der es schafft,
trau es dir zu, gib dir die Kraft,
und glaube an dich,
dass du es schaffst!

Liedhinweis: Ein Lied aus dem Buch
"Matilda und die Kraft der Sonne"
von Sabine Lenz (mit Liedern von
Stephen Janetzko).

In meiner Bi- Ba- Badewanne

Text und Musik: Stephen Janetzko; CD "Bi-Ba-Badewannen-Hits - 20 Kinderlieder mit Gitarre"
© Edition SEEBÄR-Musik Stephen Janetzko, www.kinderliederhits.de

Refrain: In meiner Bi-, Ba-, Badewanne...

2. Ich seif meine Füße ein, nana nana na. meine Knie, das ganze Bein, nana nana na.
Gründlich wasch ich meinen Po, nana nana na, Vorderseite ebenso, nana nana na.
Refrain: In meiner Bi-, Ba-, Badewanne...

3. Rücken, Brust und meinen Bauch, nana nana na, schrubb ich kräftig, Arme auch, nana nana na.
Hände waschen, schon gemacht, nana nana na, nun der Hals - wär ja gelacht, nana nana na!
Refrain: In meiner Bi-, Ba-, Badewanne...

4. Haare waschen, Stück für Stück, nana nana na, in den Ohren sitzt noch Dreck, nana nana na.
Schnell noch Nase und Gesicht, nana nana na, nur die Zähne wasch ich nicht, nana nana na.
Refrain: In meiner Bi-, Ba-, Badewanne...

5. So sitz ich von früh bis spät, nana nana na, Leute, wie die Zeit vergeht, nana nana na.
Wasser raus, ich bin noch nass, nana nana na, Handtuch her - das war ein Spaß, nana nana na!
Refrain: In meiner Bi-, Ba-, Badewanne...

Kinder stark machen

Text: K. Bucher; Musik: Stephen Janetzko; CD "Früchte Früchte Früchte"
© Edition SEEBÄR-Musik Stephen Janetzko, www.kinderliederhits.de
Tempo: ca. 180

1. Kinderträume möchten schweben, hoch auf Wolken, endlos weit.
Glaub daran, dass Träume leben, doch ein Kindertraum braucht Zeit.
Kinder können Sterne sehen, die noch nie ein Auge fand.
Kinder wollen Wege gehen, auch durch unbekanntes Land.

Ref.: Kinder stark machen für ein Leben lang! Kinder stark machen! Wir packen`s an! Kinder stark machen, in der ganzen Welt! Kinder stark machen, für das, was zählt!

2. Wie oft wird ein Kind belogen, steht am Abgrund ganz allein.
Kinder brauchen keine Drogen! Starke Kinder sagen: Nein!
Kinder können Brücken bauen über Grenzen dieser Welt.
Kinder wolln in Herzen schauen, wo für sie die Liebe zählt. *Refrain.*

Zwsp.: Kinder wollen Freiheit spüren, Kinder stecken sich ein Ziel.
Lass sie nie den Traum verlieren, Kinder geben uns so viel.

Refrain.

Wir Erdmännchen (Erdmännchen-Lied)

Text und Musik: Stephen Janetzko; CD "Fußball-Lieder für Kinder"
© Edition SEEBÄR-Musik Stephen Janetzko, www.kinderliederhits.de

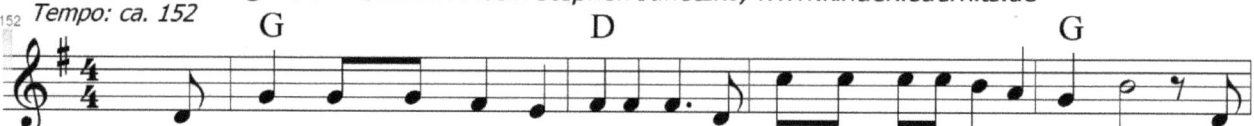

1. Wir Erd-männ-chen sind aus A-fri-ka, wir ma-chen vie-le tol-le Sa-chen. Wir

stehn manch-mal ger-ne auf-recht da, wir lau-fen, hüp-fen, krie-chen, la-chen!

Refrain: Erd-männ-chen - nicht nur in A-fri-ka - sind im-mer für-ei-nan-der da.

2. Wir Erdmännchen kuscheln gern im Nest,
wir streicheln uns dabei am Rücken!
Wir krauln uns so gerne, das tut gut -
Massagen können uns entzücken!
Refrain: Erdmännchen - nicht nur in Afrika ...

3. Wir Erdmännchen hörn besonders gut,
kein Feind, der kann uns überraschen.
Wenns pfeift, sind wir flink und blitzschnell weg -
wir lassen uns nicht gern vernaschen!
Refrain: Erdmännchen - nicht nur in Afrika ...

4. Wir Erdmännchen scheinen ziemlich klein,
Zusammenhalt ist unsre Stärke.
Tatsächlich, da sind wir riesengroß
und gehen Hand in Hand zu Werke!
Refrain: Erdmännchen - nicht nur in Afrika ...

Spielanregung: In den Strophen folgen wir den Bewegungen:
Strophe 1: Wir stehen in Handfassung im Kreis,
stellen uns auf die Hinterbeine, laufen, ...
Strophe 2: Wir stehen im Kreis mit dem Rücken
zueinander und massieren uns.
Strophe 3: Wir hören und schütteln den Kopf.
Einer pfeift, und alle verschwinden schnell unter dem Tisch.
Strophe 4: Wir hocken gebückt in Handfassung im Kreis,
dann stehen wir auf und strecken die Arme hoch!
Zum Refrain klatschen wir einfach mit.

Komm, wir warten auf die Sonne!

Text und Musik: Stephen Janetzko; CD "Fußball-Lieder für Kinder"
© Edition SEEBÄR-Musik Stephen Janetzko, www.kinderliederhits.de

Refrain.

2. Der Regen fegt die Straßen leer,
als gäb es keine Menschen mehr.
Ich hock den ganzen Tag im Haus
Wann komm ich endlich wieder raus?
Ich möcht so gerne wieder raus!

Refrain.

3. Wann reißt der Himmel endlich auf?
Ich schau mal schnell zu Petrus rauf.
Der setzt sich gerne für uns ein.
Komm los, wir tanzen jetzt zu zwei'n.
Wir tanzen bis zum Sonnenschein!

Refrain.

Ich treibe Sport (Das Sport-Lied)

Text und Musik: Stephen Janetzko; CD "Fußball-Lieder für Kinder"
© Edition SEEBÄR-Musik Stephen Janetzko, www.kinderliederhits.de

2. Ich mag Tennis... gern.
3. Ich geh schwimmen... überall.
4. Ich spiel Basket-... Basketball.
5. Und ich jogge... durch den Wald.
6. Ich geh reiten... auf `nem Pferd.
7. Ich will skaten... in der Pipe.
8. Ich mag skifahrn... wenn es schneit.
9. Ich kann springen... hoch und weit.
10. Ich fahr Fahrrad... jederzeit.

Spielanregung: Im Refrain mitklatschen.
In den Strophen die jeweils genannten
Sportarten imitieren.

Mögliche weitere Strophen:
11. Ich will tauchen... tief im Meer.
12. Ich geh klettern... dicht am Berg.
13. Ich mag rudern... auf `nem Boot.
14. Ich spiel Hockey... auch auf Eis.
15. Ich geh segeln/surfen... auf dem See.
16. Ich mach Fitness... immerzu.
17. Ich geh schlafen... jede Nacht.

Weitere Sportarten nach Belieben:
z.B. Squash, Badminton, Schach, Polo, Kricket,
Golf, Tischtennis, Handball, Volleyball,
Gewichtheben, Schlittenfahren, Spazieren usw.

Max der kleine Zauberhund

Text und Musik: Stephen Janetzko; CD "Fußball-Lieder für Kinder"
© Edition SEEBÄR-Musik Stephen Janetzko, www.kinderliederhits.de

Refrain: Max, der kleine Zauberhund, der bellt (wau, wau!) und dreht sich rund.
dreht sich rund. Die Pfoten hebt er mit Genuss, dann ruft er: Hokus fidibus!
Was kommt jetzt? 1. Alle Kinder springen hoch, springen hoch, springen hoch.
Alle Kinder springen hoch, springen, springen hoch. hoch-Stopp!

2. Alle Kinder klatschen jetzt, klatschen jetzt, klatschen jetzt.
Alle Kinder klatschen jetzt, klatschen, klatschen jetzt… (Refrain)

3. Alle Kinder stampfen fest, stampfen fest, stampfen fest.
Alle Kinder stampfen fest, stampfen, stampfen fest… (Refrain)

4. Alle Kinder tanzen wild, tanzen wild, tanzen wild.
Alle Kinder tanzen wild, tanzen, tanzen wild… (Refrain)

5. Alle Kinder drehen sich, drehen sich, drehen sich.
Alle Kinder drehen sich, drehen, drehen sich. (Refrain)

6. Alle Kinder fliegen weit, fliegen weit, fliegen weit.
Alle Kinder fliegen weit, fliegen, fliegen weit… (Refrain)

7. Alle Kinder reiten schnell, reiten schnell, reiten schnell.
Alle Kinder reiten schnell, reiten, reiten schnell… (Refrain)

8. Alle Kinder schlafen ein, schlafen ein, schlafen ein.
Alle Kinder schlafen ein, schlafen, schlafen ein… - Chrrr! (Refrain)

Weitere mögliche Strophen: Alle Kinder lachen laut, …
alle Kinder flüstern leis, … alle Kinder niesen mal, … alle Kinder klettern steil, …
alle Kinder tauchen tief, … alle Kinder malen schön, … alle Kinder bücken sich, …
alle Kinder strecken sich, … alle Kinder waschen sich, … alle Kinder gehn aufs Klo, …
alle Kinder gähnen müd, … alle Kinder spiel'n Musik, … (spieln Mu-, spieln Musik)
Spielanregung: Max der kleine Zauberhund macht, dass wir uns alle ausführlichst
bewegen können. Im Refrain gehen alle auf der Stelle, rufen laut "wau, wau!"
und drehen sich einmal um sich selbst. Danach heben wir beide Hände und rufen
"Hokus fidibus! Was kommt jetzt?" (dabei die Finger wie einen Zauberstab
halten und bewegen). Zu den Strophen machen dann alle die jeweiligen Bewegungen mit.
Auf das "Stopp!" am Ende bleiben dann alle stehen bzw. stellen sich wieder hin auf
ihren Platz, damit Max erneut zaubern kann. Zum Schluss schlafen alle ein
und schnarchen um die Wette. Die Strophen sind natürlich frei wählbar…
(Wenn es im Spiel einen Max gibt, so kann diese/r die nächste Aktion aussuchen).

Der joggende Elefant

Text und Musik: Stephen Janetzko; CD "Ich geh jetzt in die Schule"
© Edition SEEBÄR-Musik Stephen Janetzko, www.kinderliederhits.de

2. Wie zieht der Elefant nur die Jogginghose an?
Mann, oh Mann, oh Mann, oh Mann. Mann, oh Mann, oh Mann, oh Mann.
Er schaut in seinen Kleiderschrank und setzt sich auf die Küchenbank.
Er zieht die Hose über und läuft zum Sportplatz rüber,
und dann fängt der Jogging-Spaß schon an! Oder? (Refrain)

3. Wie zieht der Elefant nur die Joggingsocken an?
Mann, oh Mann, oh Mann, oh Mann. Mann, oh Mann, oh Mann, oh Mann.
Er schaut in seinen Kleiderschrank und setzt sich auf die Küchenbank.
Er zieht die Socken über und läuft zum Sportplatz rüber,
und dann fängt der Jogging-Spaß schon an! Oder? (Refrain)

4. ... die Joggingschuhe...
5. ... das Jogging-T-Shirt...
6. ... das Jogging-Stirnband...
7. ... die Jogging-Jacke...
8. ... die Jogging-Kappe... (Liste lässt sich beliebig verlängern...)

Schlussrefrain (Elefant): Fertig bin ich - yippieh! Mist, jetzt muss ich Pippi!
Muss ganz schnell aufs Klo gehn! Alles wieder ausziehn!

Spielanleitung: Einfach dem Text gemäß mitmachen, bei "Mann, oh Mann, oh Mann, oh Mann" stampfen alle auf den Boden. Nach dem Refrain können alle gemeinsam überlegen, was noch anzuziehen ist, dann folgt die entsprechende Stophe.

Ich wünsche mir so sehr

Text und Musik: Angelina Göcke; Bearbeitung: Stephen Janetzko; CD "Früchte Früchte Früchte"
© Edition SEEBÄR-Musik Stephen Janetzko, www.kinderliederhits.de

1. Ich wün-sche mir so sehr, dass sich die Welt ver-än-dern kann. Kei-nen Hass und kei-ne Krie-ge, nur Blu-men ü-ber-all. Die Men-schen soll'n sich lie-ben, die Lie-be soll re-gie-ren, und ich als klei-nes Mäd-chen bin glück-lich und zu-frie-den.

2. Den Frieden wünsch' ich mir, das Glück sei überall.
Die Kinder dieser Erde sollen alle glücklich werden.
Diese Erd' ist uns gegeben, wir sollen glücklich sein,
auf sie achten und sie lieben, sie beschützen und vertrauen.

3. Ich schaue in den Himmel, da fliegt 'ne weiße Taube.
Mein Herz ist voller Freude, und ich kann euch nur sagen:
Ich wünsche mir so sehr, dass sich die Welt verändern kann.
Keinen Hass und keine Kriege, nur Blumen überall.

Mutig, stark und weise
(Engelgeleit-Kanon)

Text und Musik: Stephen Janetzko; CD "Kinderlieder für den Stuhlkreis"
© Edition SEEBÄR-Musik Stephen Janetzko, www.kinderliederhits.de

Sei mutig, stark und weise
auf deinem Weg,
wohin dich auch das Leben führt.
Bleib dir treu und sei gewiss
- ganz gleich, was auch passiert - :
Dass ein Engel dich begleiten wird.

Hinweis:
Als Schutz-Kanon z.B. zum Abschied.
(1) Sei mutig, stark und weise auf deinem Weg,
(2) wohin dich auch das Leben führt.
(3) Bleib dir treu und sei gewiss
(4) - ganz gleich, was auch passiert - :
(5) Dass ein Engel dich begleiten
(6) wird.

Alle Kinder gehn nach Haus (Abschiedslied)

Text: Constanze Grüger/Yvonne Hubert/Stephen Janetzko, Musik: Stephen Janetzko; CD"Fußball-Lieder für Kinder" © Edition SEEBÄR-Musik Stephen Janetzko, www.kinderliederhits.de

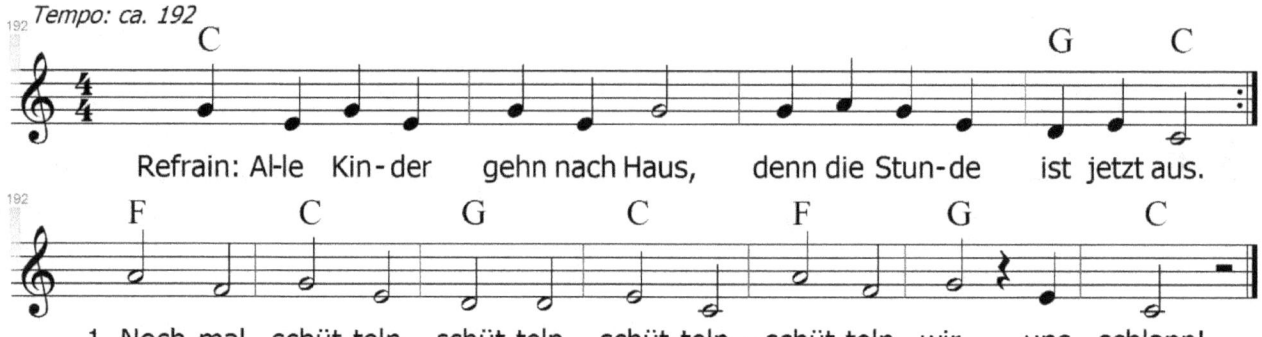

Refrain: Al-le Kin-der gehn nach Haus, denn die Stun-de ist jetzt aus.

1. Noch-mal schüt-teln, schüt-teln, schüt-teln - schüt-teln wir... uns schlapp!

Refrain:
Alle Kinder gehn nach Haus,
denn die Stunde ist jetzt aus.
Alle Kinder gehn nach Haus,
denn die Stunde ist jetzt aus.

2. Nochmal stampfen, stampfen, stampfen
- stampfen wir ... ganz laut!

3. Nochmal hüpfen, hüpfen, hüpfen
- hüpfen wir ... sehr hoch!

4. Nochmal winken, winken, winken
- winken wir... uns zu!

Hinweis: Dieses Lied ist für das Kleinkindturnen oder auch zum aktiven Mitmach-Bewegungs-Abschluss in Kindergruppen gedacht.
Zur Begrüßung gibt es mit "Alle Kinder sind jetzt fit! (Begrüßungslied)" eine Alternativvariante.

Tschüs-bis-morgen-Lied

Text und Musik: Stephen Janetzko; CD "Ich geh jetzt in die Schule"
© Edition SEEBÄR-Musik Stephen Janetzko, www.kinderliederhits.de

Tschüs, machs gut bis morgen, mach dir keine Sorgen!
Dass ich wiederkomme, ist doch sonnenklar!
Und zum guten Ende, reich mir deine Hände!
Bleib bei guter Laune, das wär wunderbar!

Tschüs, machs gut bis morgen,
mach dir keine Sorgen!
Dass ich wiederkomme,
ist doch sonnenklar!
Und zum guten Ende,
reich mir deine Hände!
Bleib bei guter Laune,
das wär wunderbar!

Spielanregung:
Ein ganz einfaches Abschiedslied z.B. für den Kindergarten oder die Schule zum Mitmachen. Auch für andere Kindergruppen, Spielgruppen und Vorkindergarten einsetzbar.

Zeile 1-2: Mitklatschen
Zeile 3-4: Einander zum Abschied zuwinken
Zeile 5-6: Wir reichen uns die Hände zum Kreis
Zeile 7-8: Fröhlich die gebildete Handkette rhythmisch auf und ab bewegen

Ich bin müde

Text und Musik: Stephen Janetzko; CD "Sommer"
© Edition SEEBÄR-Musik Stephen Janetzko, www.kinderliederhits.de

Refrain: Ich bin müde...

2. So viel Zeit ist heut verstrichen, weit und breit.
Nur noch Ruh, und mir fall`n beide Augen zu.

Refrain: Ich bin müde...

Spielanregung:
Zum Ende wiederholen wir den Refrain mehrmals
und werden beim Singen immer leiser, so dass wir
zum Schluss nur noch flüsternd singen.
Bei "mü...de" können wir immer kräftig gähnen...

Stephen Janetzko
(Autor, Liedermacher und Verleger)

Mit einer 20-minütigen MC „Der Seebär" fing alles an, heute sind es weit über 600 Kinderlieder, die der gebürtige Hagener Liedermacher bereits auf über 50 CDs und in zahllosen Liedsammlungen veröffentlicht hat. Viele davon, wie „Hallo und guten Morgen", „Wir wollen uns begrüßen", „Augen Ohren Nase", „Das Lied von der Raupe Nimmersatt", „Hand in Hand" oder „In meiner Bi-Ba-Badewanne", werden heute gesungen in Kindergärten, Schulen und überall, wo Kinder sind.

... mehr Info, mehr CDs, mehr Lieder & Noten:
www.kinderliederhits.de

www.ingramcontent.com/pod-product-compliance
Lightning Source LLC
Chambersburg PA
CBHW081504040426
42446CB00016B/3386